W0058644

Jungfrau

24. August – 23. September

arsEdition

Inhalt

—— ∾ơⱢ∾ ——

Einführung
in die Astrologie

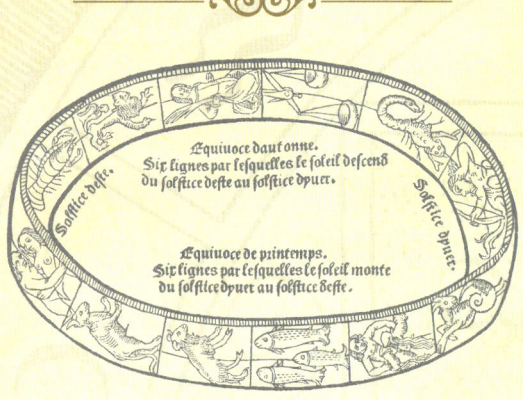

Equiuoce dauf onne.
Six lignes par lefquelles le foleil defcend
du folftice defte au folftice dpuer.

Equiuoce de printemps.
Six lignes par lefquelles le foleil monte
du folftice dpuer au folftice defte.

Solftice defte.

Solftice dpuer.

Wir ›modernen‹ Menschen leben heute in einer
Welt der Wissenschaften, genauer gesagt in einer Welt der Naturwissenschaften. Mathematik,
Physik, Chemie und Biologie bestimmen und erklären unser Leben auf dem Planeten Erde. Die
Naturwissenschaften erheben den Anspruch, alles deuten und erklären zu können: wie das Uni-
versum entstanden ist, auf Grundlage welcher
Gesetze der Kosmos und alles in ihm ›funktioniert‹, warum ein reifer Apfel vom Baum auf die

Erde und nicht die Erde auf den Apfel fällt – der Raum und sein Inhalt, die Zeit und ihr Maß: Wir glauben an die hundertprozentige Richtigkeit naturwissenschaftlicher Gesetze.

Warum? Weil Naturwissenschaftler ihre Annahmen und Voraussagen beweisen können. Zunächst beobachten sie Phänomene, beschreiben sie und bilden dann eine Hypothese über die Wahrscheinlichkeit der diesen Abläufen zugrunde liegenden Gesetze. Wenn sich dann, wieder und wieder bei Beobachtungen in freier Natur oder bei einem Versuchsaufbau im Labor bei gleichen Rahmenbedingungen, exakt die gleichen Abläufe ergeben, werden ein Phänomen und die daraus folgende wissenschaftliche Hypothese zum Gesetz. So ist unsere Welt erklärbar geworden und überdies ›sicher‹, da wir modernen Menschen ja wissen, wie sie in sich funktioniert. Das macht sie ›übersichtlich‹, das reduziert ihre erschreckende Komplexität.

Die starke Suggestionskraft, die von den Errungenschaften der Naturwissenschaften auf den menschlichen Geist und das menschliche Weltverständnis ausgeht, rührt jedoch auch vom Willen des Menschen, sein Schicksal selbst zu bestimmen. Der geistige Emanzipationsprozess, der im Zeitalter der Aufklärung im 17. und 18. Jahrhundert einsetzte und die menschliche Vorstellungskraft von Mythen und starren religiösen und ideologischen Vorurteilen befreite, läutete den Siegeszug der Naturwissenschaften ein.

Gleichwohl übt die Astrologie nach wie vor eine hohe Anziehungskraft auf die Menschen aus. Das war auch bereits vor zwei oder drei Jahrtausenden so. Verfügten nicht auch bereits die Babylonier, die Sumerer, die ›alten‹ Ägypter, Griechen und Römer, dazu Chinesen und Inder, Azteken, Maya und weitere Indiovölker in Zentral- und Mittelamerika, über hervorragende mathematische, physikalische und astronomische Kenntnisse? Und alle diese Völker und Kulturen waren vom Blick ins nächtliche Firmament, von den flimmernden Sternen und dem Gang der Planeten fasziniert. Somit ist es nicht überraschend, dass auch heute noch viele Menschen an Erkenntnissen der Astrologie interessiert sind. Die ›Errungenschaften‹ der Naturwis-

senschaften werden im Zeitalter der Atombombe und des Klonens menschlicher und tierischer Genome nicht mehr nur positiv gewertet.

Das ist *ein* Grund für die aktuelle Anziehungskraft der Astrologie, die viel mit Psychologie zu tun hat, mit einer Wissenschaft, die menschliches Verhalten interpretiert und deutet. In der Astrologie allerdings wird menschliches Leben ganzheitlich verstanden, als ›Fluss‹ eines Ganzen, das in einen biophysikalischen, biochemischen und kosmologischen Rahmen eingebettet ist. Wichtig für das Verständnis und den Zugang zur Astrologie ist die Kombination der *Astro*nomie mit der *Psycho*logie. Aus beiden wird die *Astrologie*, die die fest gefügten Bahnen der Planeten und die Strukturen der Sterne mit der menschlichen Seele und ihrem Schicksal in Zusammenhang setzt.

Diese Definition ist jedoch sehr allgemein. Bei genauer Betrachtung basiert der Grundgedanke der Astrologie auf der Überzeugung, dass die Rhythmen in unserem Sonnensystem, die geprägt werden durch den Stand der Sonne, die Umlaufbahn des Mondes um unser Zentralgestirn und den Gang der Planeten, Einfluss haben auf biologische, chemische und psychische Prozesse auf unserer Erde. Die Gestirne und ihr

Rhythmus, mit dem sie sich im Verhältnis zur Erde bewegen, üben einen Einfluss, einen »kosmischen Reiz« auf die Seele der Lebewesen aus, allerdings weit komplizierter und weniger offensichtlich zu beobachten als zum Beispiel der Gezeitenwechsel von Ebbe und Flut, der durch den Abstand des Mondes zur Erde und durch den Wechsel der Jahreszeiten erzeugt wird. Die kosmischen Reize sind es also, mit denen sich die Astrologie vornehmlich beschäftigt.

Dabei sind Astrologen davon überzeugt, dass kosmische Reize ähnlich wirken wie beispielsweise die Wetterfühligkeit auf gesundheitlich sensible Menschen. Manche dieser Reize aktivieren charakterliche Eigenschaften und Verhaltensweisen, andere hingegen dämpfen sie. Das heißt: Eine ganz spezifische Konstellation der Gestirne determiniert Typus und Werdegang jedes Menschen. Dabei erzwingen die Konstellation der Sterne und andere kosmische Reize aber weder die Geburt noch das Schicksal eines Menschen, sie »reizen« lediglich und geben einen Impuls. Der Kirchenvater Thomas von Aquin drückte diesen Zusammenhang so aus: *»Die Sterne machen geneigt, sie zwingen nicht.«*

Die wichtigste Ausdrucksform der Astrologie ist die Erstellung eines Horoskops. Das Wort stammt von dem altgriechischen *horoskopos* und bezeichnet den im Osten aufsteigenden Tierkreisgrad; das Wort ist zusammengesetzt aus dem Substantiv *hora*, die »Stunde«, und dem Verb *skopein*, »sehen, schauen, erkennen«. Das Horoskop ist die Arbeitsgrundlage der Astrologie, eine grafische Darstellung der bestimmten Konstellation der Gestirne zum genauen Zeitpunkt der Geburt eines Menschen, bezogen auf seinen Geburtsort. Mit den berechneten Daten (die Konstellation der Gestirne relativ zum Beobachter auf der Erde) versucht die Astrologie den Einfluss der kosmischen Reize zu bestimmen.

In dieser Buchreihe geben wir unseren Lesern die Instrumente an die Hand, um möglichst zuverlässige Aussagen über die jeweilige Konstellation der Sterne treffen zu können. Dazu zählen genaue Charakteristiken der Tierkreiszeichen, ihre Partnerschaften sowie Informationen über den Einfluss des Aszendenten und des Mondes auf jedes Sternbild. Und nicht zuletzt unterrichten wir Sie über berühmte Vertreter jedes Tierkreiszeichens, über Mythen, die sich um die Sternbilder ranken, und ihre charakteristischen Vorlieben für Metalle, Farben, Steine, Tiere, Pflanzen und Düfte. Gleichermaßen eine informative und unterhaltsame Lektüre!

Jungfrau

Persönlichkeit, Vorlieben, Beruf und Karriere, Freundschaft

Die Jungfrau-Frau

Was heißt hier kühl, verschlossen, prüde!? Die Jungfrau, die weibliche zumal, ist nun mal keine, die, kurz entschlossen, sich vom Erstbesten nehmen lässt. Nein. Sie tut alles mit Bedacht, sie übt sich in einer besonderen Art der Disziplin: Sie nimmt gewissermaßen ihr Gefühl an die Kandare. Gleichzeitig ist sie ordentlich, fleißig und zuverlässig. Und wem das alles an positiven Eigenschaften noch nicht reicht, dem sei gesagt: Sie hat ein herzensgutes und liebevolles Wesen, und sie ist da, wenn man sie braucht.

Perfekte Hausfrau

Ihre Wohnung wird man auf den ersten Blick erkennen. Hier ist jedes Teil an seinem Platz, keine Kleidungsstücke liegen achtlos hingeworfen über einem Stuhl, kein Brösel gammelt auf dem Esstisch; kurzum, man kommt sich vor wie in einer Musterwohnung. Die weibliche Jungfrau braucht diese Ordnung, um sich wohlzufühlen. Sie legt den Mantel nicht mal eben über das Treppengeländer, wenn sie nach Hause kommt, sondern hängt ihn ohne Wenn und Aber an den dafür vorgesehenen Haken, und der Besucher in ihrem Heim wird erleben, wie das Paar Schuhe, das er gerade abgestreift hat, unverzüglich in einem dafür vorgesehenen Schrank verschwindet. Frau Jungfrau ist Perfektionistin in jeder Hinsicht. Wenn sie etwas macht, macht sie es richtig oder gar nicht. »Frühstück bei Tiffany«? Niemals!

Höflich und distanziert
ist die weibliche Jungfrau

Und das erwartet sie auch von ihren Mitmenschen. Zumindest, wenn die ihr etwas bedeuten. Alle anderen wird sie mit höflich kühler Missachtung strafen. Ohnehin vermittelt die weibliche Jungfrau das Gefühl eindeutiger Distanz. Mit

Typen, die ihr jovial auf die Schulter klopfen, will sie nichts zu tun haben. Höflichkeit, Manieren, Taktgefühl – all das, was man mit ›Benimm‹ zusammenfassen kann, ist ihr wichtig. Ein dahergelaufener Bauernbursche – der Ausdruck muss von einer Jungfrau stammen – kann bei ihr nicht landen, und wenn er sich erdreistet, ihr zu nahe zu kommen, dann hat er jegliche Chance auf ewig vertan. Wenn schon körperliche Nähe sein muss, dann entscheidet sie über das Was, das Wann, das Wie. Wem sie aber einmal ihr Herz geöffnet hat, der kann darauf vertrauen, dass sie es nicht wieder vor ihm verschließen wird. Und in der Regel täuscht sie sich nicht in ihren Freunden, sie hat ja auch lang genug darüber nachgedacht, ob sie es denn wert sind.

Die Jungfrau löst jede Aufgabe

Apropos ›denken‹. Die Jungfrau ist ein reiner Verstandesmensch. Das Erdzeichen wird, wie auch der Zwilling, vom Planeten Merkur regiert. Während Merkur beim Luftzeichen Zwilling aber eher die Fähigkeit zur Kommunikation, die Beweglichkeit des Intellekts fördert, hat er beim Erdzeichen Jungfrau viel Einfluss auf ihre logischen, analytischen Fähigkeiten zur Einschätzung der Welt. Weiblichen wie männlichen

Jungfrauen fällt es leicht, sich in Wissensgebiete zu vertiefen, sich mit ihnen bis in die letzten Einzelheiten auseinanderzusetzen. Wenn Frau Jungfrau eine Aufgabe gestellt bekommt, dann löst sie sie auch. Und wenn sie rund um die Uhr damit beschäftigt ist. Zuverlässig, wertneutral und exakt. Ein absoluter Gewinn für jeden Chef. Mit einer Jungfrau als Sekretärin braucht er seinen Terminplaner nie mehr in die Hand zu nehmen. Weder muss er befürchten, dass sich zwei Termine überschneiden, noch wird er je wieder den Geburtstag seiner Frau vergessen. Vielleicht wird er sich wundern, dass keine Pausen mehr in seinen Tagesablauf eingeplant sind – die genehmigt sich seine Jungfrau-Sekretärin schließlich auch nicht.

Hang zur Perfektion

Frau Jungfrau kann partout nicht »Nein!« sagen, deshalb wird sie sich zu viele Aufgaben aufbürden lassen. Nicht, dass sie dabei terminlich ins Schleudern käme, schließlich ist sie eine perfekte Organisatorin. Nur um ihre Gesundheit könnte es nicht so gut bestellt sein. Typischerweise leiden Jungfrauen häufig an nervösem Magen, was ihrer leicht angespannten Grundstimmung entspricht. Dass Frau Jungfrau untätig ihre Hände in den Schoß legt, wird man kaum je erleben. Dazu kommt ihr gnadenloser Perfektionsanspruch. Unter einem »Sehr gut« ist sie nie zufrieden, und um dieses Ziel zu erreichen, stellt sie alles zurück. Freunde, Partner – und vor allem ihre eigenen Gefühle.

Eingemauert

Keine Schlossmauer kann so dick sein wie jene, hinter der die Jungfrau ihre Gefühle verbirgt. Erst wenn sie sich wirklich geborgen fühlt in einer Beziehung oder einer Freundschaft, kann es sein, dass sie eine winzige Schießscharte in ihrem Mauerwerk öffnet. Was sie im Inneren bewegt, macht sie mit sich selber ab – und oft sind es Selbstvorwürfe und Komplexe, die sie mit sich herumträgt. So überkritisch sie anderen gegenüber sein kann, ist sie es auch gegenüber sich selbst. Kein Wunder, dass dieses adrette und gepflegte Wesen oft ein bisschen gehemmt wirkt.

Wer sich selbst immer unter Kontrolle hat, dem kann dabei die Lebendigkeit verloren gehen.

Ehrlich und zuverlässig

Dabei könnte sie sich einen Gefallen damit tun, wenn sie ein bisschen mehr von der Wärme zeigen würde, die sie in ihrem Inneren verbirgt. Die weibliche Jungfrau macht selten viele Worte – außer sie ist in eine intellektuell und moralisch anspruchsvolle Diskussion verstrickt –, was sie aber sagt, hat Hand und Fuß, ist ernst gemeint und absolut ehrlich. Ihre Freunde werden das zu schätzen wissen. Wenn sie anbietet, beim Umzug zu helfen, wird am Abend des Tages nicht mehr viel zu tun übrig bleiben – aber wehe, der Umzug war nicht gut vorbereitet. Dann wird es an ihrer beißenden Kritik nicht fehlen.

Perfekte Buchhalterin

Die weibliche Jungfrau wird man in jenen Berufen finden, die Akribie und Zuverlässigkeit verlangen. Sie ist perfekt als Buchhalterin oder Assistentin. Aber auch in sozialen Berufen, in der Medizin, der Juristerei, der Schneiderei, in Ernährungsberufen, der Bildhauerei oder der Archäologie wird sie sich wohlfühlen.

Der Jungfrau-Mann

Er gilt als vernünftig, rational, kühl, distanziert, sogar verschlossen, kleinlich, ernsthaft, ordentlich und pedantisch. All das trifft auf den typischen Jungfraugeborenen tatsächlich zu. Das allein aber wird den Dimensionen seines Charakters nicht gerecht. Er ist nämlich auch warmherzig, treu, verantwortungsbewusst, großzügig, mitfühlend und unendlich hilfsbereit.

Hier regiert der Verstand

Wem der Jungfrau-Mann erlaubt, auch nur einen kleinen Blick hinter seine Fassade aus Strebsamkeit, Fleiß und Zuverlässigkeit zu tun, der ist der großen Mehrheit seiner Mitmenschen um einen Schritt voraus. Das nämlich lässt der Jungfrau-Mann nur zu, wenn er hundertprozentig vertraut. Und das tut er selten. Niemals wird er sich auf halbseidene Freundschaften einlassen, ebenso wenig wie auf Affären. Dafür spielt sein Gefühlsleben einerseits eine zu untergeordnete Rolle, der Jungfraugeborene ist ein Mensch des Verstandes. Zum anderen wird er aber auch von einer ausgeprägten Vorsicht regiert. Prüfe, prüfe, prüfe, bevor du dich bindest, sagt ihm sein Verstand. Und pass auf, dass du dich hier nicht zu weit aus dem Fenster lehnst, sagt ihm sein Gefühl.

Wer also einen Mann zum Heiraten sucht und sich von der Ehe vor allem einen treusorgenden Ehemann und ein Leben mit möglichst wenig Aufregung erwartet, wird bei der männlichen Jungfrau genau richtig sein. Außerehelichen Verführungen wird dieser Mann niemals nachgeben, hat er sich einmal für eine Partnerin entschieden. Er konzentriert sich auf das, was er hat, und das, was er erreichen will. Sein unnachahmliches Pflichtbewusstsein stellt er über alles.

Geordnete Verhältnisse

Gefühle sind für die männliche Jungfrau etwas, das man kontrolliert und dem man keinesfalls das Ruder überlassen sollte. Kommt es doch einmal vor, dass seine Emotionen ihn zu überwältigen drohen, wird er unruhig. Entweder er blockt ab oder versucht, sich schnellstmöglich aus der Situation herauszuwinden. Treu ist der Jungfrau-Mann also in jeder Beziehung, aber das kann doch nicht alles sein. Wenn sich seine Partnerin über mangelnde Zuneigungsbekundungen beklagt, wird sie damit leider recht haben. Stundenlang daliegen, sie im Arm

halten und den Mond anbeten wird der Jungfrau-Mann mit Sicherheit nie, und spontanen
Sex in der Badewanne wird es mit ihm auch
nicht geben. So sauber, adrett und gepflegt wie
der Jungfrau-Mann seine Wohnung haben will,
so geordnet mag er auch sein Gefühlsleben
und seine Freizeitgestaltung.

Strenge Disziplin

Ihre Selbstdefinition erlangt die männliche Jungfrau vor allem über den Beruf. Klar, wer es mit
den Dimensionen des Gefühls nicht so hat,
wird eher jenen Dingen zuneigen, die er sich
mit seinem Verstand erschließen kann. Und
hier kann er glänzen. Hier wird gestapelt und
geschichtet, in Schubladen eingeordnet und
abgearbeitet, hier werden Aufgaben mit stren-
ger Disziplin erledigt und
Pläne mit folgerichti-
ger Logik aus-
getüftelt. Dabei
sieht sein Schreib-
tisch immer aus,
als wäre er kurz
davor, in den Ur-
laub oder zumin-
dest ins Wochenen-

de zu starten. Unordnung würde er nie zulassen und das Wort Chaos kennt er höchstens aus dem Physikunterricht. Böse Zungen sagen ihm nach, er sei pedantisch, gar kleinkariert – wir sagen, der Jungfrau-Mann ist strebsam und vernünftig. Was hätte er davon, in einem Wust aus Papieren nach dem richtigen Anschreiben zu suchen, Aufgaben möglicherweise doppelt zu erledigen, nur weil er vorher nicht nachgedacht hat. Er hat schließlich keine Zeit zu verschwenden. Dieser Herr will machen, schaffen, tun. Deshalb wird seine Mittagspause kurz, sein Arbeitspensum groß und sein Chef mit ihm zufrieden sein. Ein Nein wird er von diesem Mitarbeiter nicht hören, wieso auch, das Leben ist in erster Linie Pflichterfüllung. Doch selbst bei einem solchen Menschen wird irgendwann der natürlich völlig unvernünftige Wunsch wach, seinen Griffel einfach mal in die Ecke zu werfen – ein Gefühl, dem er selbstverständlich nicht nachgeben kann. Das kann er sich nicht erlauben, und dann kann es sein, dass der Jungfrau-Mann unzufrieden wird und in eine seiner Launen verfällt. Da kann ihm dann keiner mehr etwas recht machen. Er beginnt zu nörgeln und seine Mitmenschen zu kritisieren. Freunde macht er sich damit keine.

Der Jungfrau-Mann – Freund und Helfer

Das macht aber nichts. Denn wer sich von solchen Nebensächlichkeiten beeinflussen lässt, ist bei ihm ohnehin unten durch. Ebenso lange wie über seine Partnerin sinniert er über die Menschen nach, die er zu seinen Freunden macht. Wenn er mit ihnen gute und geistreiche Gespräche führen kann, sammeln sie schon mal Pluspunkte. Ein gutes Benehmen, Pünktlichkeit und Charakterstärke gar machen den Weg frei zu einer freundschaftlichen Bindung – und für die Freundschaft mit einem Jungfrau-Mann lohnt es sich, sich ins Zeug zu legen. Kaum ein Sternzeichen ist schneller bereit, aufrichtig und mit vollem Einsatz zu helfen, wenn Hilfe vonnöten ist. Jungfrauen sind die geborenen Samariter. Das geht so weit, dass sie immer in Gefahr sind, gnadenlos ausgenützt zu werden. Wenn das passiert ist, wird er sich zurückziehen und seinem Hang zum Eigenbrötlertum und zum Verzweifeln an der Welt pflegen. So haben viele Jungfrau-Männer etwas Gepeinigtes an sich. Sie sind von der Schlechtigkeit der Welt überzeugt. Die männliche Jungfrau ist zwar ein Arbeitstier, steuert mit stiller und beharrlicher Konsequenz immer weiter auf ihrem Weg, ein Kämpfer ist sie aber nicht.

Die Liebe zum Detail bestimmt den Beruf

Der Weg ist für Herrn Jungfrau das Ziel. Wieso soll er unbedingt den Chefposten erobern, arbeiten kann er schließlich auch an einer weniger exponierten Stelle. Gefallen wird es ihm vor allem dort, wo Detailversessenheit benötigt wird oder wo es um den Dienst am Menschen geht. In medizinischen oder pflegerischen Berufen wird man Herrn Jungfrau also finden, bevorzugen wird er aber auch Arbeitsstellen in der Buchhaltung, im Finanzwesen, bei der statistischen Analyse, in Ministerien, Verwaltungen. Vielleicht wird er auch in der Feinmechanik glücklich, als Konditor, Koch oder in anderen Ernährungsberufen. Als Schneider, Goldschmied oder Bildhauer ist er ebenfalls vorstellbar. Auch Notare, Juristen oder Informatiker sind oft in diesem Sternzeichen geboren.

Berühmte Menschen dieses Sternzeichens

～∽◇∾～

Leonard Bernstein

Der amerikanische Komponist und Dirigent wurde am 25. August 1918 in Lawrence, Massachusetts, geboren. Er studierte Klavier und Komposition an der Harvard-Universität und wurde bereits mit 25 Jahren zweiter Dirigent des *New York Philharmonic Orchestra* unter Arthur Rodzinsky. Von seinen vielen Werken ist das Musical *West Side Story* wohl das Bekannteste. Bernstein starb am 14. Oktober 1990 in New York an den Folgen eines Herzinfarkts.

Sophia Loren

Die italienische Schauspielerin kam als Sophia Villani Scicolone am 20. September 1934 in Rom zur Welt. Ihren ersten Filmauftritt hatte sie 1949 in *Cuori sul Mare*. Sie und der Schauspieler Marcello Mastroianni galten über Jahrzehnte als das Traumpaar des italienischen Films. Mit ihrem inzwischen verstorbenen Ehemann, dem Filmproduzenten Carlo Ponti, hat sie zwei Söhne. Sie lebt heute am Genfer See.

Franz Beckenbauer

Er wurde am 11. September 1945 in München geboren und galt zu seinen aktiven Zeiten als Ausnahmefußballer. Zunächst spielte er beim SC 1906 München. Sein Aufstieg begann 1959 mit seinem Wechsel zum FC Bayern. Er wurde 1974 als Spieler und 1990 als Trainer der deutschen Nationalmannschaft Weltmeister. Heute ist er Vizepräsident des Deutschen Fußballbundes und Präsident des FC Bayern. Der ›Kaiser‹, wie er häufig genannt wird, trug entscheidend dazu bei, dass die Fußball-WM 2006 in Deutschland stattfand. Er lebt mit seiner Ehefrau in Kitzbühel.

Mutter Teresa

Mutter Teresa, wurde als Anjezë Gonxhe Bojaxhiu am 27. August 1910 in Skopje geboren. Die Tochter einer albanisch-katholischen Familie fasste mit zwölf Jahren den Entschluss, ihr Leben dem Glauben zu widmen. Mit 18 fand sie Aufnahme in den Loreto-Orden. 1950 gründete sie in Kalkutta den Orden ›Missionarinnen der Nächstenliebe‹ und kümmerte sich dort um Waisen, Sterbende und Kranke, vor allem Leprakranke. 1979 bekam sie den Friedensnobelpreis. Am 5. September 1997 starb sie und wurde 2003 seliggesprochen.

Die Bedeutung
des Aszendenten

Das Wort stammt aus dem Lateinischen und geht auf das Verb *ascendere* (›aufsteigen‹) zurück. Damit beschreibt der Aszendent (AC) das Tierkreiszeichen, das zum Zeitpunkt und am Ort der Geburt am östlichen Horizont aufsteigt. Der Aszendent gehört zu den wichtigsten Horoskopfaktoren und geht in jede astrologische Deutung mit Qualität ein.

Da sich die Erde pro Tag einmal um ihre eigene Achse dreht, steigt bei zwölf Tierkreiszeichen im Durchschnitt alle zwei Stunden am östlichen Horizont ein neues Tierkreiszeichen auf. Dieser schnelle Wechsel ist einer von mehreren Gründen, warum für eine qualitative astrologische Deutung ein präzise berechnetes Horoskop mit genauer Angabe von Geburtszeit und Geburtsort so wichtig ist. Infolge des raschen Wechsels des Aszendenten haben zwei Menschen, selbst wenn sie am selben Ort und Tag geboren sind, nur in den seltensten Fällen das gleiche Horoskop.

Das Tierkreiszeichen am Aszendenten, das vom für uns Menschen unsichtbaren Bereich über den östlichen Horizont in den sichtbaren Bereich tritt, entspricht den Eigenschaften des Menschen, die wir in den ersten Minuten des Kennenlernens feststellen. Der Aszendent beschreibt in der astrologischen Symbolsprache damit das sichtbare Verhalten des Menschen. All das hingegen, was er denkt oder fühlt, sich erhofft und wünscht, zeigt sich nicht im Aszendenten. Demnach entspricht er der Art und Weise, wie wir uns verhalten. Er ist die »Maske« unserer Persönlichkeitsstruktur. Einerseits ist diese Maske verborgen, denn auch wir selbst sind uns nicht immer bewusst, was wir zeigen, zum anderen ist sie doch äußerlich. Dem Aszendenten werden in Sternzeichen unterschiedliche Einflüsse auf die Lebensziele der Menschen zugeordnet. Der Aszendent im Zeichen des Widders bringt Mut, der Stier dagegen Gelassenheit, die Zwillinge Offenheit, der Krebs steht für Geborgenheit, der Löwe für einen starken Willen, die Jungfrau für Sachlichkeit, die Waage für Altruismus, der Skorpion für Tiefe, der Schütze bringt den Glauben an das Gute, der Steinbock symbolisiert Struktur, der Wassermann Teamgeist und die Fische stehen für Mitgefühl.

Berechnung des Aszendenten für das Sternzeichen Jungfrau

Diese Tabelle gilt für Mitteleuropa. Der genaue Aszendent ist auch von dem Geburtsort abhängig, deshalb gilt diese Tabelle oft nicht ganz exakt. Sollte es in Ihrem Geburtsjahr die Sommerzeit gegeben haben, so ist 1 Stunde abzuziehen.

JUNGFRAU 24.08. – 23.09.

Geburtstag	24.08. – 31.08.	01.09. – 11.09.	12.09. – 23.09.
Aszendent	Geburtszeit	Geburtszeit	Geburtszeit
Widder	20.30 – 21.30	20.00 – 21.00	19.15 – 20.15
Stier	21.30 – 22.45	21.00 – 22.15	20.15 – 21.30
Zwillinge	22.45 – 00.30	22.15 – 24.00	21.30 – 23.15
Krebs	00.30 – 03.00	00.00 – 02.30	23.15 – 01.45
Löwe	03.00 – 05.45	02.30 – 05.15	01.45 – 04.30
Jungfrau	05.45 – 08.30	05.15 – 08.00	04.30 – 07.15
Waage	08.30 – 11.15	08.00 – 10.45	07.15 – 10.00
Skorpion	11.15 – 14.00	10.45 – 13.30	10.00 – 12.45
Schütze	14.00 – 16.30	13.30 – 16.00	12.45 – 15.15
Steinbock	16.30 – 18.15	16.00 – 17.45	15.15 – 17.00
Wassermann	18.15 – 19.30	17.45 – 19.00	17.00 – 18.15
Fische	19.30 – 20.30	19.00 – 20.00	18.15 – 19.15

Die Jungfrau
mit ihren Aszendenten

~~~∾§∾~~~

Aszendent Widder

Eine recht tatendurstige Jungfrau haben wir hier. Ihre eigentliche Vorsicht und Überlegtheit kann zwar in Konflikt stehen mit der Impulsivität des Widders. Der Einfluss des vom Mars regierten Feuerzeichens kann auf die bescheidene Jungfrau aber auch eine befruchtende Wirkung ausüben. Natürlich entsteht durch den inneren Widerstreit Spannung, die diese Jungfrau recht reizbar machen kann. Unter Umständen wird sie ihre Ziele brachial, aber mit kühler Berechnung verfolgen.

Aszendent Stier

Was die Sinnlichkeit angeht, die der Stier-Aszendent verspricht, so mag es sein, dass die Jungfrau dieses Versprechen nicht unbedingt halten kann. Unter dem Einfluss der Venus wird sie allerdings dem Lebensgenuss und vor allem einem harmonischen Familienleben einen noch höheren Stellenwert einräumen, als das bei

diesem Sternzeichen sonst der Fall ist. Harmonisch werden sich in dieser Erdzeichen-Mischung Pragmatismus und Realismus verbinden. Zuverlässigkeit, Treue und Pflichtgefühl zeichnen sie aus. Veränderungen behagen ihr nicht.

Aszendent Zwillinge

 Hier ist ein unruhiger Geist zugange. Merkur beherrscht beide Sternzeichen. Er schenkt der Jungfrau analytischen Verstand und dem Zwilling rasche Auffassungsgabe. Solche Jungfrauen sind oft Meister der gesprochenen und geschriebenen Sprache. Der Zwilling bringt Leichtigkeit, Freude an Kommunikation und Gesellschaft mit. Die Interessen sind vielfältig, sodass die Gefahr besteht, dass diese Jungfrauen sich verzetteln und auf zu vielen Hochzeiten tanzen. Sie sollten versuchen, sich rechtzeitig zurückzunehmen, damit sie nicht in Gefahr kommen, selbst auferlegte Verpflichtungen nicht erfüllen zu können.

Aszendent Krebs

 Eine eher weiche Jungfrau entsteht unter dem Einfluss des gefühlsbetonten Krebses. Empfindsamkeit kann zu Empfindlichkeit werden. Mit Kritik kann sie nur schlecht umgehen. Der klare Verstand der Jungfrau und die Intuition und das gute Gedächtnis des Krebses können einen intellektuell wie emotional verständnisvollen Menschen bedingen. Die Bescheidenheit der Jungfrau kann allerdings unter Krebseinfluss übertrieben werden.

Aszendent Löwe

 Hinter der Fassade brodelt es. Generös, wie der Löwe sich gerne gibt, kann diese Jungfrau im ersten Augenblick mit großer Geste ein begeistertes ›Ja‹ rufen und im nächsten Augenblick mit einem zaghaften ›Nein‹ in ihrem Inneren zurückrudern. Das glanzvolle Auftreten des Löwen verträgt sich nicht mit der bescheidenen Zurückhaltung der Jungfrau, und so können die zwei Seelen in dieser Brust miteinander in ständigem Widerstreit liegen. Wohl aber wird sie genau wissen, was sie will, und das auch mit einer gewissen Kleinlichkeit durchzusetzen verstehen.

Aszendent Jungfrau

 Na ja, ein bisschen trocken kann die doppelte Jungfrau schon rüberkommen. Wie soll es auch anders sein, wenn Pflichterfüllung, Fleiß, Zuverlässigkeit und Ernsthaftigkeit keinen anderen Einflüssen ausgesetzt sind. Die typischen Eigenschaften des Erdzeichens werden potenziert. Sie hat zwar das innere Verlangen zu helfen, das merkt aber unter Umständen keiner, weil sie ihren Gefühlen nur einen untergeordneten Stellenwert beimisst, und so wird sie sie gut zu verstecken wissen.

Aszendent Waage

 Ein zurückhaltender, freundlicher und auf Ausgleich bedachter Charakter. Diese Jungfrau wird ein feines und gewandtes Auftreten haben. Die wesenstypischen Eigenschaften der Jungfrau, ihre Ernsthaftigkeit und Nüchternheit, werden aber mit dem weit mehr nach außen gerichteten Gebaren der Waage nicht immer harmonisch verbunden sein. Sie kann Schwierigkeiten damit haben, sich durchzusetzen, schließlich prägt die Jungfrau ein gewisser Altruismus und die Waage das Bedürfnis nach Harmonie.

Aszendent Skorpion

Spröde? Wohl kaum. Unter dem Einfluss des Skorpions können sogar mit einer Jungfrau die Leidenschaften durchgehen – wenn sie es zulässt. Dieser Charakter kann sich in zwei völlig unterschiedliche Richtungen entwickeln. So kann die kleinkrämerische Detailverliebtheit der Jungfrau durch den Skorpion einen Schuss Aggressivität bekommen, was weder für sie selbst noch für ihre Mitmenschen angenehm ist. Die Leidenschaft des Skorpions kann aber auch das Gefühlskorsett der Jungfrau aufweichen, ihrem Pflichtbewusstsein und Fleiß zu mehr positiver Kraft verhelfen.

Aszendent Schütze

Die Jungfrau wird quasi befeuert. Der Schütze, der gerne in die Welt hinaus flattert, wird in ihr, gelinde gesagt, ein kleineres Chaos anrichten. Da trifft der Wunsch nach stetiger Veränderung und der Erfahrung von Neuem auf absolute Erdverbundenheit und stille Strebsamkeit. Dabei kann ein idealistischer und optimistischer Streiter für eine bessere Welt herauskommen. Es kann aber auch sein, dass das

Beharrungsvermögen der Jungfrau und die Rastlosigkeit des Schützen in stetem Clinch liegen und diese Jungfrau einer dauernden Zerreißprobe aussetzen.

Aszendent Steinbock

 Eine eher konservative Mischung, die sich kaum jemals auf etwas Neues einlässt. Zu ausgeprägt ist ihr Wunsch nach Beständigkeit, Absicherung, aber auch beruflichem Erfolg. Hier wird gearbeitet, was das Zeug hält, die Akribie und analytische Herangehensweise der Jungfrau verbinden sich mit der Konsequenz und Unnachgiebigkeit des Steinbocks zu manchmal brutaler Härte. Berufliche Anerkennung ist ein Muss und wird auch in der Regel erreicht, nur um die Lebensfreude ist es schlecht bestellt.

Aszendent Wassermann

 Innovativ und voller Erfindungsreichtum ist diese Jungfrau, sie wird sich aufgeschlossen und vielleicht geheimnisvoll geben. Natürlich aber kann sie nie ganz aus ihrer Haut. Dennoch: Das Luftzeichen Wassermann hat einen befreienden

Einfluss auf die oft sehr in ihrem Korsett aus
Fleiß und Strebsamkeit gefangene Jungfrau.
Und verstandesbetont, wie sie ist, wird sie
durch die intuitiven Wassermann-Fähigkeiten
eine Erweiterung ihres Erkenntnishorizonts er-
fahren.

Aszendent Fische

Eine komplizierte Konstellation. Wo
Neptun auf Merkur trifft, begegnen
sich Gefühl und Verstand – und beides zu verbinden kann sehr schwie-
rig sein. Der Fische-Aszendent kann aber einen
sehr befruchtenden Einfluss auf die nüchterne
Jungfrau haben. Wenn sie es schafft, einen
Ausgleich zwischen Ratio und Emotio, zwischen dem gewohnten Jungfrauen-Fleiß und
der gelegentlichen Antriebslosigkeit der Fische
zu finden, dann kann sie ein ausgemacht sen-
sibler und hilfsbereiter Mensch sein, der die
Ärmel hochkrempelt, aber auch sehr an-
spruchsvoll in Gefühlsdingen sein kann.

Steine, Farben, Metalle, Tiere, Pflanzen, Düfte

Was passt zum Wesensbild der Jungfrau? Welche Materialien lassen sie sich wohlfühlen, welche Steine bevorzugt ihr Charakter, mit welchen Metallen identifiziert sie sich, und was sind die Farben, die sie liebt? Und schließlich: Welchen Lebewesen, welchen Tieren und Pflanzen, fühlt sie sich verbunden und welche Düfte beflügeln ihre Fantasie?

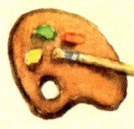

Apophyllit
Azurit
Citrin
Jaspis
Lapislazuli
Saphir
Smaragd
Topas

Gelb
Grün
Lindgrün
Olivgrün
Weiß

Quecksilber

Aster
Buche
Efeu
Eiche
Eisenkraut
Fenchel
Hafer
Haselnuss
Hyazinthe
Kornblume
Petersilie
Rittersporn

Hund
Katze
Schwalbe

Bergamotte
Kardamom
Lavendel
Lorbeer
Minze
Tabak
Vetiver
Weihrauch
Zimt
Zitrone

Mythen und Legenden

Die Jungfrau mag keine Rohheiten. Gewalt und Brutalität schrecken sie ab. Die Legenden um ihr feines und zurückhaltendes Wesen reichen weit in die Vorzeit der Römer und Griechen zurück. Eine römisch-griechische Sage aber gehört zu den bekanntesten Legenden, die sich um *Virgo*, das Sternbild des nördlichen Himmels, und das Sternzeichen Jungfrau ranken.

Die Jungfrau Astraea

Der römische Schriftsteller Marcus Manilius hat die Sage um die Jungfrau Astraea im ersten Jahrhundert vor Christus beschrieben. Ovid nahm sie in seine Metamorphosen auf. Danach galt Astraea, eine Tochter des Göttervaters Zeus (Jupiter) und der Titanin Themis (Justitia), als Symbol der Gerechtigkeit. Sie lebte einst in einem Goldenen Zeitalter unter den Menschen, ebenso wie die anderen Himmlischen. Vom Rauben und Morden der Menschen angewidert, verließen die Gottheiten aber die Erde, und als letzte breitete Astraea ihre Schwingen aus und entschwand in den Himmel, wo ihr Sternbild heute im Monat August hoch über uns prangt.

Aus dem Auftauchen des Sternbilds im späten Sommer ergibt sich eine Doppelbedeutung des Sternzeichens. Einerseits Fruchtbarkeit: Um diese Jahreszeit wird die Ernte eingefahren. Und man sagt weiblichen Jungfrauen nach, dass sie sehr leicht schwanger werden. Aber auch Unfruchtbarkeit: Immerhin war es eine Jungfrau, die da als Sternbild an den Himmel versetzt wurde.

Erigone

Manilius berichtet aber auch von einer weiteren Jungfrau, einem jungen Mädchen namens Erigone. Sie war die Tochter des Ikarios von Attika, einem Helden der Athener. Dionysos, der Gott des Weines, lehrte ihn als ersten Menschen die Kunst des Weinbaus. Ikarios, von seinem neuen Wissen begeistert, fuhr mit Schläuchen, prall gefüllt mit dem köstlichen Traubensaft, durchs Land und gab den Hirten zu trinken. Die sanken natürlich, nicht gewöhnt an den geistvollen Tropfen, reihenweise zu Boden und warfen, wieder nüchtern geworden, dem Ikarios vor, er habe sie vergiften wollen. Sie erschlugen ihn und begruben ihn unter einem Baum auf dem Hymettos, einem Berg auf der Halbinsel Attika. Die Tochter Erigone fand den Vater schließlich nach langem Suchen mithilfe seines alten Hundes Maera, der das Mädchen am Saum ihres Kleides packte und zum Grab seines Herrn führte. Die Jungfrau, voller Kummer, erhängte sich an eben dem Baum, unter dem ihr Vater begraben lag. Aus Mitleid versetzte Zeus den Ikarios als Arkturos oder Bootes, Erigone als Jungfrau und Maera als Hundsstern an den Himmel. Der zornige Dionysos aber bestrafte die Mörder mit Pest, und die athenischen Jungfrauen ließ er in Raserei verfallen. Die Athener zogen ihre eigenen Konsequenzen und feierten für Ikarios und Erigone ein Opferfest.

Babylonische Fruchtbarkeitsgöttin

In anderen Überlieferungen wird das Sternbild auf eine Göttin des frühen Babylon zurückgeführt, Nidaba soll ihr Name gewesen sein. Sie wird manchmal auch als Göttin des Lernens und der Schreibkunst bezeichnet. Aus altägyptischer Zeit hat sich die Darstellung einer Frau erhalten, die einen Löwen am Schwanz packt. Aus dem Bild einer matronenhaften Göttin wurde später die Vorstellung eines jungen Mädchens, das mit Schönheit und Reinheit glänzt.

Die Jungfrau
und die Liebe

Jungfrau-Frau

Die ›alte Jungfer‹ ist ein geflügeltes Wort, ein gemeines noch dazu, hat aber einen realen Hintergrund: Unter den weiblichen Jungfrauen gibt es tatsächlich viele, die unverheiratet und ohne Beziehung bleiben. Nicht etwa, weil sie unattraktiv wären, im Gegenteil: Die weibliche Jungfrau achtet sehr auf ihr Äußeres und versteht es mit ihrer bescheidenen Zurückhaltung, ihrer ausgeprägten Hilfsbereitschaft, aber auch ihrem klaren Geist durchaus, so manchen Mann zu betören. Doch die weibliche Jungfrau prüft und prüft; und ihren hohen Ansprüchen an

Werte, Grundsätze und Moral kann so leicht keiner standhalten. Bevor sie sich aber mit der zweiten Wahl zufriedengibt, bleibt sie lieber solo.

Hat sie sich entschieden, wird sie ihrem Partner treu sein. Wenn sie ihre Neigung zur Kritik beherrschen kann, ist sie die perfekte Ehefrau.

Jungfrau-Mann

Wer sich in einen Jungfrau-Mann verguckt hat und von ihm heiße Liebesschwüre erwartet, wird enttäuscht werden. Erstens denkt Herr Jungfrau häufig so lange darüber nach, ob eine Frau für ihn die Richtige ist, bis sie sich selbst dessen nicht mehr sicher ist. Und zweitens gehört er nicht zu jenen Zeitgenossen, die ihr Herz auf der Zunge tragen. Da muss sie schon sehr genau hinschauen und hinspüren, um zu erkennen, dass ein Jungfrau-Mann für sie Gefühle hat. Die Momente, in denen er dies zeigt, sind selten und daher unvergleichlich wertvoll.

Dann wird nämlich klar, dass dieser Mann es mit Liebe und Leidenschaft äußerst ernst meint. Ernst allerdings in jeder Hinsicht: Dem fröhlichen, gar zügellosen Sex wird er selten frönen, auch hier geht er mit gewohnter Sachlichkeit, wenn nicht gar Bedächtigkeit heran.

Die Jungfrau und ihre Beziehungs- partner

Beziehungspartner Widder

Jungfrau-Frau und Widder-Mann

Der männliche Widder liebt die Eroberung. Und weil die Jungfraudame keine ist, die selbst gerne den ersten Schritt tut, wird hier zumindest eine Beziehung entstehen können. Dann aber wird es schwierig. Sturm und Drang ist das Motto des Feuerzeichens Widder – was soll die arbeitsame, bescheidene und überlegte Jungfraudame mit so einem anfangen. Wenn es ihnen gelingt, sich zusammenzuraufen, können sie allerdings ein sehr schaffensfreudiges Paar sein.

Jungfrau-Mann und Widder-Frau

In einem Punkt können sie sich finden: Beide überlegen lange, bevor sie sich binden. Der Jungfrau-Mann allerdings tut das aus Vorsicht und weil er seine hohen Ansprüche in einer

Partnerin verwirklicht sehen will. Die Widderdame dagegen will erst mal die Ufer des Erfolgs ansteuern, bevor sie in den Hafen der Ehe einlaufen kann. Dort aber wird vermutlich nicht Herr Jungfrau auf sie warten, der hat nämlich schon bei der ersten Begegnung gemerkt, dass ihm diese Dame zu impulsiv ist.

Beziehungspartner Stier

Jungfrau-Frau und Stier-Mann

Sie kann Sinnlichkeit und Lebensfreude von ihm lernen. Aber sie kann auch die traute Zweisamkeit vermiesen, weil sie mit ihrer Kühle weder seinem Bedürfnis nach emotionaler Bestätigung noch seinem Wunsch nach einem heimeligen Zuhause entgegenkommt. Wenn sie sich hier einigen können, kann eine sehr solide Beziehung erwachsen, denn beide Erdzeichen streben nach Sicherheit und finanzieller Absicherung.

Jungfrau-Mann und Stier-Frau

Aufregend wird ihre Beziehung nicht sein. Die männliche Jungfrau hält ihre Gefühle gern unter Verschluss, und die Stier-Frau ist, wenn sie nicht gereizt wird, ein eher gemütlicher Zeitgenosse. Wenn die beiden in der klassischen Rollenverteilung leben, wird der Jungfrau-Mann, strebsam und vernünftig, wie er ist, für genau die Absicherung und das Maß an Wohlstand sorgen, das sich die Stier-Frau erwartet. Er sollte sich nur mit Kritik an ihrer Haushaltsführung zurückhalten – wenn sie das Sofa mit Kissen auspolstert, hat das nichts mit Unordnung zu tun, sondern mit Behaglichkeit.

Beziehungspartner Zwilling

Jungfrau-Frau und Zwilling-Mann
Wie soll das gut gehen? Die weibliche Jungfrau wird nicht das geringste Verständnis für diesen Clown haben, der die Uhr nicht lesen kann, sich heute für dieses und morgen für jenes interessiert und dem Wörter wie Ehrgeiz, Dienstbarkeit und Genauigkeit so fremd sind wie dem Wasser die Wüste. Klar, seine intellektuelle Beweglichkeit wird ihr imponieren, aber argumentieren wird sie von einem so völlig anderen Standpunkt aus, dass beide wohl keinen Weg zueinander finden werden.

Jungfrau-Mann und Zwilling-Frau

Die Faszination mag anfangs groß sein. Der sprudelnde Intellekt der Zwillingsdame, ihre Spontaneität und die Leichtigkeit ihres Denkens sind für den Jungfrau-Mann verlockend. Aber auf Dauer wird diese Beziehung nicht funktionieren. Er richtet sich in seinem akribisch geregelten Tagesablauf ein, Pflichterfüllung ist sein Mantra und Pünktlichkeit oberstes Gebot. Das wird die unstete und unkonventionelle Zwillingsdame so schnell vertreiben, wie sie gekommen ist. Er wird sie verrückt schimpfen, sie ihn spießig.

Beziehungspartner Krebs

Jungfrau-Frau und Krebs-Mann

Für die gelegentlich unsichere und bescheidene Jungfrau passt der einfühlsame und unaufgeregte Krebs-Mann wie die Faust aufs Auge. Auch wenn sie die Dinge des Lebens vom Standpunkt der Vernunft aus betrachtet, er aber aus dem Bauch heraus entscheidet, wird das Zusammenleben funktionieren. Sie wird ihm mit ihrer Ordentlichkeit Stabilität und Sicherheit geben und er wird sie aus ihrer emotionalen Selbstisolation locken.

Jungfrau-Mann und Krebs-Frau

Wenn sie es schaffen, einander zu signalisieren, dass der eine den anderen mag, dann wird ihre Liebe dauerhaft und beständig sein. Mit ihrem Wunsch nach gefühlsmäßiger Sicherheit ist Frau Krebs bei Herrn Jungfrau genau richtig. Hat er sich einmal entschieden, dann wird seine Treue niemals infrage stehen, und die tief-gehenden Gefühle der Krebs-Frau rühren an die seinen, die er normalerweise ganz tief in seinem Inneren versteckt. Beide Zeichen lieben den Rückzug in die eigenen vier Wände und verabscheuen alles Laute, also werden sie sich auch hier prächtig ergänzen.

Beziehungspartner Löwe

Jungfrau-Frau und Löwe-Mann

Er Macho – sie Mauerblümchen. Natürlich ist das ein wenig überspitzt, es lässt aber die beiden Pole erahnen, an denen sich diese zwei Partner befinden – und es macht klar, warum in der

Regel eben keine Partner aus ihnen werden. Sie sitzt im schmucklosen Kämmerchen und arbeitet still-zufrieden vor sich hin, er hat seinen Laptop auf der großzügigen Terrasse aufgebaut und entwirft Zukunftspläne. Er trumpft auf, lässt sie vielleicht sogar die unangenehmen Arbeiten in ihrer Beziehung übernehmen, und sie zieht sich zurück.

Jungfrau-Mann und Löwe-Frau

Die eine wirft das Geld gern mit vollen Händen unter die Leute, der andere sitzt auf seinem beharrlich ersparten Säckel und wird sich hüten, auch nur einen Cent davon auszugeben, wenn er ihn nicht ein Dutzend Mal umgedreht hat. Schon allein in diesem Punkt also wird es nicht nur kriseln, sondern krachen. Noch dazu macht die Löwedame gerne einen auf Show. Großkotzig wird der Jungfrau-Mann sie finden, während ihr seine Bescheidenheit und Sparsamkeit kleinkariert vorkommt.

Beziehungspartner Jungfrau

Jungfrau-Frau und Jungfrau-Mann

Das gemeinsame Häuschen werden sie abbezahlt haben, bevor die Kinder volljährig sind. Sparsam, arbeitsam, strebsam und vorsichtig, wie die typische Jungfrau ist, werden die beiden keine Zeit haben, ihr verdientes Geld wieder auszugeben, da Arbeit ihr oberstes Prinzip ist. In riskante Geschäfte werden sie auch nicht investieren, und dass jemand schon mal gesehen haben will, wie eine Jungfrau ihr Geld beim Shoppen auf den Kopf haut, ist nichts als ein Gerücht.

In diesem Punkt werden sie sich also ebenso einig sein wie vermutlich in der sehr praktischen, aber nicht besonders behaglichen Einrichtung ihrer gemeinsamen vier Wände.

Zum großen Streit wird es also kaum Anlass geben, aber das ist auch genau das Problem dieser Beziehung. Wenn alles so kontrolliert und reibungslos abläuft, der eine vom anderen weder im Positiven noch im Negativen je eine Überraschung zu erwarten hat, wird es langweilig – im Bett, in der Küche, im Urlaub, überall.

Wenn sie lernen, ihren Gefühlen Raum zu geben, hat die Beziehung Chancen auf dauerhafte Erfüllung.

Beziehungspartner Waage

Jungfrau-Frau und Waage-Mann

Oh ja, er versteht es zu werben, sogar die zurückhaltende Jungfrau könnte da schwach werden. Vermutlich aber kreidet die bodenständige Dame dem galanten Charmeur irgendwann genau jene Eigenschaften an, die ihr zunächst so gefallen haben: die geistige Beweglichkeit und die Leichtigkeit, mit der er in Gesellschaft brilliert. Bleibt sie doch lieber zu Hause und strickt an den Grundfesten ihrer Existenz. Sie wird ihn nicht verstehen, und er wird es leid werden, sich ständig rechtfertigen zu müssen.

Jungfrau-Mann und Waage-Frau

Die männliche Jungfrau wird Schwierigkeiten haben, die Freude der Waage am Schönen zu verstehen. Das Erdzeichen Jungfrau schafft und tut, weil es darin den Sinn des Lebens sieht.

Es strebt nach Beständigkeit, Sicherheit, Wohlstand. Das Luftzeichen Waage dagegen fühlt sich dem Schönen verpflichtet, der Harmonie und dem gesellschaftlichen Austausch. Zwar gestalten beide ihr Leben eher aus dem Intellekt als aus dem Gefühl heraus, das wird aber eine fragile Basis für eine erfüllende Beziehung sein.

Beziehungspartner Skorpion

Jungfrau-Frau und Skorpion-Mann

Respekt und gegenseitige Anerkennung sind in dieser Beziehung vorhanden. Der männliche Skorpion bringt Stärke und Kraft mit, er ist ein Typ, der schwache Frauen abschrecken kann. Nicht aber die Jungfrau – zumindest wenn sie gelernt hat, auf ihre eigenen Stärken zu vertrauen. Die liegen zwar auf eher geistigem Gebiet, während der Skorpion seine Kraft aus Leidenschaft und starkem Willen schöpft. Sie treffen sich aber in ihrer Betonung des Grundsätzlichen.

Jungfrau-Mann und Skorpion-Frau

Hier verbinden sich Gemeinsamkeiten und Unterschiede genau in dem Maß, das eine Beziehung haltbar macht, aber reizvoll hält. Die Skorpion-Frau mit ihren tiefen Gefühlen, ihrer Neigung, die Dinge zu hinterfragen, ihrer Ablehnung alles Oberflächlichen wird den Prüfungen des Jungfrau-Mannes standhalten können. Er wiederum kann ihr die Konstanz und Stärke bieten, die sie an einem Partner schätzt. In der Sexualität wird sie ihre intensive Leidenschaftlichkeit vielleicht etwas bremsen müssen, um ihn nicht zu verschrecken.

Beziehungspartner Schütze

Jungfrau-Frau und Schütze-Mann

Er strebt in die Ferne, sie liebt ihr Zuhause. Er beschäftigt sich mit den Ideen, die die Welt verändern, sie mag es, wenn alles bleibt, wie es ist. Er mag die Freiheit und das Abenteuer, sie die tägliche Arbeit und den geregelten Tagesablauf. Was sie aneinander schätzen, ist der jeweils wache Verstand des Gegenübers. Dafür kriselt es aber im Bett. Der Schütze langweilt sich zu

Tode und die Jungfrau fühlt sich überfordert. Das geht auf ganzer Linie schief.

Jungfrau-Mann und Schütze-Frau

Das treffendste Bild, um diese Paarung zu beschreiben, wäre Feuer und Wasser. Astrologisch gesprochen trifft hier Feuer auf Erde – und das funktioniert in diesem Fall genauso wenig. Beide lassen sich zwar eher von ihrem Verstand leiten als von den Gefühlen, doch sind ihre Denkweisen völlig verschieden. Die großen Ideen, die die Schütze-Frau so sehr begeistern, sind dem Jungfrau-Mann fern. Er zerlegt die Welt lieber streng analysierend in ihre Einzelteile und verliert dabei schon mal den Blick fürs Ganze.

Beziehungspartner Steinbock

Jungfrau-Frau und Steinbock-Mann

Sie sind wie füreinander geschaffen. Beides Erdzeichen, sind sie sich in all ihren Grundwerten einig: Pünktlichkeit, Zuverlässigkeit, Sparsamkeit. Vielleicht wird der Steinbock sich ein wenig an der übergroßen Hilfsbereitschaft der Jungfrau stören, er wird sie dafür mit seiner ungeahnten Gefühlstiefe überraschen. Beide sind absolut zuverlässig und treu, was sie aneinander aufs Höchste schätzen. Aber die Beziehung wird nicht von wirklich großen Gefühlen getragen, und das kann auf Dauer langweilen.

Jungfrau-Mann und Steinbock-Frau

Sie können miteinander in Frieden alt werden. Aufregend wird ihre Beziehung zwar vermutlich nicht, dafür aber effektiv. Er wird all sein Pflichtbewusstsein ausleben können, sie wird ihn mit Sicherheit nicht darin bremsen. Die Geradlinigkeit der Steinbockdame wird dem strebsamen, aber eher zurückhaltenden Jungfrau-Mann imponieren. Bloß mit den gegenseitigen Gefühlsbekundungen könnte es schlecht aussehen, und Romantik wird hier nach der Hochzeitsnacht eher keine mehr aufkommen.

Beziehungspartner Wassermann

Jungfrau-Frau und Wassermann-Mann

Sie wird mit diesem Mann vermutlich nicht glücklich werden. Alles was ihr wichtig ist, ist für ihn weniger als zweitrangig: Er schert sich nicht besonders um Ordnung, weder in seinen vier Wänden noch in seinem Leben. Er strebt nach Individualität und Selbstbestimmung – auch in der Beziehung. Da kann und will die bescheidene Jungfraudame nicht mit. Sie braucht Gewohnheit und Planung, er Unkonventionalität und neue Herausforderungen. Unberechenbar wird sie ihn schimpfen, eine Langweilerin wird er sie nennen. Keine gute Prognose.

Jungfrau-Mann und Wassermann-Frau

Da knirscht es im Gebälk. Dieses optimistische Getue der Wassermann-Frau, dieser ewige Drang, die Welt verbessern zu wollen, und dazu noch die feste Überzeugung, dass die Welt nur darauf gewartet hat – Herr Jungfrau wird schnell genug haben von dieser Partnerin. Zudem wird er ständig den Verdacht hegen, dass sie ihm nicht treu ist, macht sie doch immer einen auf Unabhängigkeit und Freiheit. Nein, die Frau ist ihm zu anstrengend.

Beziehungspartner Fische

Jungfrau-Frau und Fische-Mann

Zu allererst muss sie es schaffen, nicht dauernd an ihm herumzunörgeln, sonst ist er ganz schnell weg und in den Armen einer anderen – und, typisch Fisch, wird sie das noch nicht mal merken. Er gleitet ihr einfach durch die niemals reglosen Hände. Rauschhaftes Sich-gehen-Lassen in den kerzenbeschienenen Fluten der Badewanne ist einfach nicht ihr Ding – schließlich muss ja einer anschließend alles wieder putzen.

Jungfrau-Mann und Fische-Frau

Erstaunlich – aber das kann funktionieren. Vorausgesetzt, die beiden lernen die Andersartigkeit des Partners zu akzeptieren. Die Fische-Frau mit ihrer Sehnsucht nach großen Gefühlen, nach völligem Aufgehen in der Gemeinsamkeit, kann die männliche Jungfrau total aus der Fassung bringen. Umgekehrt kann Frau Fisch an seiner Nüchternheit in allen Belangen verzweifeln. Wenn es gut läuft, kann aber hier einer dem anderen genau das geben, was ihm fehlt: die Fische-Frau Gefühl, der Jungfrau-Mann Struktur.

Die Bedeutung des Mondes in der Astrologie

Ebenso wie die Sonne fasziniert auch der Mond die Menschen seit Urzeiten. Für Naturvölker symbolisierten beide Gestirne die Kräfte und Energien, denen der Mensch ausgesetzt ist. Ist die Sonne für die Willenskraft verantwortlich, steht der Mond hingegen für die Intuition, für die emotionalen Energien. Demnach symbolisiert der Mond die weibliche Seite des Menschen, das Gefühl, das ›Weiche‹. Ebenso steht der Mond für das ›innere Kind‹, das zeitlebens und während der gesamten Erwachsenenphase in jeder Person lebt.

Jahreszeiten und Mondphasen

Der Mondzyklus dauert im Schnitt 29 Tage. Er wird in vier Phasen unterteilt, von denen jede Periode Ausdruck einer bestimmten Form von Energie ist, vergleichbar mit den Wachstumsphasen einer Blütenpflanze im Lauf der Jahreszeiten. Der zunehmende Mond lässt die Pflanze knospen, bei Vollmond hat sie die ganze Blüte erreicht, bei abnehmendem Mond nähert sie sich dem Zustand des Verwelkens, wogegen sie bei Neumond er-

neut zu keimen beginnt. Für ein möglichst zuver-
lässiges Horoskop ist es deshalb von Bedeutung,
neben dem Sternzeichen (Sonne), dem Aszendenten (Planeten) und der Kombination des
Sternzeichens mit dem Mondzeichen (Mond)
auch die Mondphase zu berücksichtigen, in der
ein Mensch geboren wurde. Denn die Energie des
Mondes zum Zeitpunkt der Geburt kann sich
stark auf die Ausprägung der Persönlichkeit aus-
wirken. Die Entsprechung des ›Planeten‹ Mond ist
das Sternzeichen Krebs.

Nach innen oder außen gerichtet

Menschen, die in der Vollmondphase und in
der Periode des zunehmenden Mondes geboren wurden, sind häufiger extravertiert, also
nach außen gerichtet. Menschen hingegen, die
bei Neumond oder bei abnehmendem Mond
das Licht der Welt erblickten, gelten häufiger
als introvertiert, also in sich gekehrt.

Wenn Sie es genau wissen wollen und den
möglichst genauen Zeitpunkt Ihrer Geburt ken-
nen, können Sie mithilfe von Mondtabellen die
Mondphase, in der Sie geboren wurden, ermit-
teln. Diese können Sie zum Beispiel im Internet
mithilfe von Suchmaschinen unter dem Suchbegriff ›Mondphasen-Tabelle‹ finden.

Die Jungfrau mit dem Mond im Sternzeichen

Wie die Sonne durchwandert auch der Mond die Sternzeichen. Allerdings wechselt er die Sternzeichen nicht ca. alle 4 Wochen wie die Sonne, sondern alle 2 bis 3 Tage. Unter welchem Mond Sie geboren wurden, können Sie zum Beispiel mithilfe von Suchmaschinen im Internet unter dem Suchbegriff ›Mondkalender‹ herausfinden.

Jungfrau mit Mond im Widder

Da steckt Tempo drin. Der Widder mit seinen spontanen Gefühlsausbrüchen, seiner emotionalen Kraft und seinem manchmal zornigen Willen kann die überlegte Jungfrau ganz schön aus der Bahn werfen. In kritischen Augenblicken aber wird ihr Reaktionsvermögen umwerfend sein. Doch wird diese Jungfrau gelegentlich Schwierigkeiten haben mit den Bocksprüngen mitzuhalten, die ihr der Widder aufzwingt – zumal sie sich innerlich gegen diese Unbeherrschtheiten sträubt. Ein etwas unruhiger Charakter.

Jungfrau mit Mond im Stier

Eine absolut praktische Kombination. Die Jungfrau will Sicherheit und der Stier will das auch. Beide streben danach, etwas zu schaffen, das sie ihr Eigen nennen können und das ihnen das Gefühl des Geborgenseins gibt. Die stiertypische Sinnenfreude und sein Lebensgenuss werden die jungfräuliche Korrektheit und kühle Ordentlichkeit ein wenig mildern. Diese Jungfrau wird überraschend empfindsam und liebesbedürftig, vielleicht auch ein wenig besitzergreifend sein.

Jungfrau mit Mond im Zwilling

Sonst arbeitet die Jungfrau bis zum Umfallen, mit diesem Mond aber wird sie es gelegentlich auch auf der Hälfte der Strecke gut sein lassen. Durchhaltevermögen und unbedingter Wille zum Erfolg zeichnen den Zwilling ja nicht gerade aus, und sein Einfluss wird diese Jungfrau weniger verbissen machen. Dafür wird der starke Merkur, der ja Zwilling und Jungfrau regiert, einen sehr kommunikativen Charakter mit einem äußerst beweglichen und sogar unkonventionell folgernden Verstand bedingen.

Jungfrau mit Mond im Krebs

Sie neigt zur Sorge. Hier treffen zwei ängstliche Zeichen aufeinander. Während die Ängste des Krebses allerdings in seinen Gefühlen wurzeln, ist es bei der Jungfrau der Verstand, der sich beunruhigt. Dabei zeichnet diese Jungfrau große Fantasie aus, die sich aus dem intuitiven Reservoir des Krebses schöpft. Der analytische Intellekt der Jungfrau ist aufgerufen, sie umzusetzen. Natürlich ist diese Jungfrau, wie alle Zeichen, die vom höchst sensiblen Wasserzeichen Krebs beeinflusst werden, sehr verletzlich.

Jungfrau mit Mond im Löwen

Komplikationen im Selbstverständnis werden diese Jungfrau auf Schritt und Tritt begleiten. Hier schlagen zwei Herzen in einer Brust, die einen völlig unterschiedlichen Rhythmus haben. Bedächtig, selbstbewusst, mit großem Tamtam das des Löwen, ein bisschen hektisch, mit vielen Zwischenschlägen und sogar Störgeräuschen das der Jungfrau. Sie sollte versuchen, das hohe Selbstwertgefühl und den großen Gestus, die der Löwe-Mond mitbringt, für ihr Fortkommen zu nutzen und nicht in ihren oft so typischen Minderwertigkeitskomplexen zu erstarren und sich mit kleinen Schritten zu begnügen.

Jungfrau mit Mond in der Jungfrau

Erst wenn man sich mit dieser Jungfrau in ein Gespräch eingelassen hat, wird man feststellen, was für ein unterhaltsamer und gebildeter Gesprächspartner sie ist. Sie wird sich allerdings niemals in den Vordergrund drängen und im Zweifelsfall lieber schüchtern in einer Ecke stehen. Dabei zeichnet die potenzierte Jungfrau eine große Hilfsbereitschaft und vor allem unbedingte Zuverlässigkeit, Treue und Anständigkeit aus.

Jungfrau mit Mond in der Waage

Eine in ihren nüchternen Grundeigenschaften abgemilderte Jungfrau entsteht unter dem Einfluss des Waage-Monds. Sie wird an Lockerheit und Leichtigkeit gewinnen, weil sie sich weniger als funktionierendes Rädchen im Betrieb, denn als individuell wertvolles Wesen fühlt. Der Einfluss der entscheidungsschwachen Waage geht einher mit gewissen Schwierigkeiten, eine klare Position zu finden. Die Vorliebe der Waage für Schönheit und Ästhetik verbindet sich gut mit der jungfrautypischen Ablehnung von Jovialität oder gar Rohheit.

Jungfrau mit Mond im Skorpion

Der Skorpion-Mond hat einen ausgesprochen starken Einfluss auf die gefühlsmäßig sonst mäßig gesegnete Jungfrau. Er wird ihrer intellektuellen Neigung zur zerpflückenden Analyse mit seiner typischen Leidenschaft eine kraftvolle Dimension verleihen, was sie zu einer verbissenen Arbeiterin macht. Aber wehe, ihre Leistung wird nicht gewürdigt, dann fährt sie den berühmten Stachel aus. Gefährlich wird es auch, wenn sich ihre Unsicherheit in Liebesdingen mit der Eifersucht des Skorpions paart.

Jungfrau mit Mond im Schützen

Es regiert der Kopf. Großes Wissen wird sie anhäufen und alles, was sie weiß, kritisch hinterfragen. Hier treffen ein visionärer Geist und ein scharfer, analytischer Intellekt zusammen. Das verspricht große gedankliche Leistungen, wenn da nicht der Gegensatz zwischen der Ruhelosigkeit des Schützen und dem jungfräulichen Bedürfnis nach Ordnung und Überschaubarkeit wäre. Dieser Widerspruch muss überwunden werden, aber was könnte hierbei besser helfen als der starke Optimismus des Schützen.

Jungfrau mit Mond im Steinbock

Ihr größtes Problem kann darin liegen, dass sie einfach nicht glücklich sein kann. Gelassenheit ist nicht die Stärke der Jungfrau, und der Steinbock bringt auch noch eine gehörige Portion Pessimismus in die Zeichenkombination ein. Das ist aber auch schon das intensivste Gefühl, das diese Jungfrau haben, nein, das sie offenbaren wird. Gemeinsam ist den beiden nämlich, dass sie ihr Gefühlsleben hinter Schloss und Riegel halten. Da fällt es schwer, den kleinen und schönen Dingen des Lebens etwas abzugewinnen.

Jungfrau mit Mond im Wassermann

Der Wassermann, ein ausgesprochener Humanist, verbindet sich mit der Jungfrau, die in ihrer dienenden Hilfsbereitschaft zu Aufopferung bereit ist. Wer hier Hilfe sucht, wird sie bekommen. Und doch ist diese Jungfrau ein rätselhafter Zeitgenosse. Das intuitive Ahnen des Wassermanns und das pragmatische Tätigsein der Jungfrau passen einfach nicht recht zusammen. Äußerst korrekt und distanziert wird sie sich geben, aber gelegentlich auch ihre humorvolle und spaßige Seite zeigen.

Jungfrau mit Mond in den Fischen

Die Fische sind das genaue Gegenteil der Jungfrau und ihr Wasserzeichen dem Erdzeichen polar entgegengesetzt. Gemeinsam ist beiden mangelndes Selbstbewusstsein, völlig unterschiedlich aber ist die Gewichtung von Gefühl und Verstand. Welches Charaktermerkmal in dieser Kombination die Oberhand gewinnt, ist kaum zu sagen. Wenn es die jungfräuliche Begabung für Realismus ist, wird diese Jungfrau besser fahren. Mit Sicherheit wird sie sehr empfindlich, aber auch in höchstem Maße altruistisch veranlagt sein.

© 2008 arsEdition GmbH, München

Alle Rechte vorbehalten
Text: Madelaine Faubert
Illustrationen Umschlag: Silvia Braunmüller
Illustrationen: Silvia Braunmüller; S. 4, 36: Dover
Publications; S. 38: Clipart ETC
Gestaltung: Renate Lehmacher, Atelier Georg
Lehmacher, Friedberg (Bay.), www.lehmacher.de
Printed by Tien Wah Press
ISBN 978-3-7607-3610-5

www.arsedition.de